그리움의 집

그리움의 집

2024년 12월 5일 인쇄
2024년 12월 10일 발행

지은이 정영심
펴낸이 손정순
펴낸곳 열림문화
    주소 제주특별자치도 제주시 청귤로 15
    전화 (064)755-4856
    팩스 (064)755-4855
    이메일 sunjin8075@hanmail.net
    인쇄 선진인쇄

저작권자 ⓒ 2024, 정영심

ISBN 979-11-92003-52-8 (03810)
값 12,500원

※ 이 책은 제주특별자치도 제주문화예술재단의 2024년 문화예술지원
   사업의 보조를 받았습니다.

그리움의 집

정 영 심 시조집

그리움의 집

시인의 말

가시리서 출발하여 한림에 둥지 틀었네요
옹포천 맞은편에 나를 향해 다가오는
수많은 올레길들이 내게 손짓하며

동백꽃 한 송이 들고 물가에 와 앉아
알맞게 거리를 두고 섬이 거기 와 있네
어젯밤 켰던 등대를 다시 깜빡거리며

저마다 형형색색 그리움을 품고 사는
땅 위에 모든 것들 바다 위에 모든 것들
육십 년 나의 생애가 울긋불긋 하답니다

밤이면 아롱아롱 불빛들이 보입니다
내 삶의 희로애락 그 크기의 눈물방울
이제와 눈여겨보면 나를 닮아 있습니다

바다에 길을 내며 배 한 척이 떠나네요
하얀 깃 갈매기가 그 배 뒤를 따르면서
가끔씩 끼룩거리며 시조 한 편 흘려요

삼장 육구 열두 음보 지그재그 길을 내며
'감성시'에 못다 부른 시조집을 엮어
내 안의 『그리움의 집』 이름표를 달고서

육십 년 올레길이 그 꽃잎에 닿아
빨갛게 동백꽃에서 고동소리 들리고
초로의 한림바다가 눈시울을 붉혀요.

2024년 歲暮에 정영심

차 례

시인의 말 4

1 時調
연꽃 한 송이

내 가슴엔 꽃이다 13
탱자의 사계 14
노란 별 15
거울 16
빈 의자 17   빨래줄 23
노을의 의미 18   설거지 24
연꽃 한 송이 19   아궁이 26
별꽃처럼 20   귤꽃 향기 27
꽁초 22   옥돔 28
            올레길 12코스 29
            비양도 수국 다발이 30
            남편의 어깨 31

2 時調
종착지가 어딜까

목련　35
연꽃　36
나 오십이 그랬다　37
종착지가 어딜까　38
목련 꽃이 피자말자　39
귤 꽃　40
치자 꽃　41
겨울 넘긴 호박덩이　42
남쪽으로 몸을 돌린　43

연꽃마을 하가리　44
별꽃　45
비양도 해국　46
접시꽃　47
배롱나무　48
코스모스　49
싹　50

3 時調
그리움의 집

석류 53
그리움의 집 54
비양도 겨울 수선화 55
멀구슬 꽃 56
광대의 계절 57
물비늘이 고와요 58
그날 해님이 59

엄마 옥수수 60
좀곽을 마주하고 61
내 아들 등굣길에 62
비 오는 날 63
비 온 날 도라지꽃 64
뻥튀기 시골 장터에 65
나란히 걸어가기 66

4 時調
내려놓기

백로처럼 71

내려놓기 72

가슴에 리본 하나만 73

너와 나의 중간쯤에 74

노란 장미 75

고양이가 지킨다 76

단풍나무 단풍 한 잎 77

주의보 내린 밤이면 78

애기 업은 돌 앞에서 79

수선화 피는 교회 80

감나무 81

부츠 한 켤레 82

겨울과 봄 사이에 83

교회 소나무 84

작품해설 감성시의 정형화 86

오늘 엄마가 눈물을 흘렸다

텃밭에 돌 발판을 세웠다

흙속에 바퀴가 굴러가는 것 같다

저 동그라미처럼

엄마가 울지 않았으면 좋겠다

- 이승일 지음

제 **1** 장

연꽃 한 송이

바다가 섬을 품듯,

섬이 또 등댓불 켜듯

울고 웃는 바다처럼 너를 품고 이십구 년...

비양도 수국 다발이

웃는다

내 가슴엔 꽃이다

고우셔라 고우셔라
어머니 이마에 핀

칠순에는 사랑의 꽃
팔순에는 눈물의 꽃

한 생의
송이 송이가
내 가슴엔
꽃이다

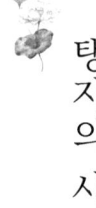

탱자의 사계

애월읍 중산간에 마을 살짝 비켜서서
울타리 쳐 놓고도 봄바람이 불편한지
일제히 사방팔방에 활시위를 겨눈다

성급하고 까칠한 탱자나무를 바라본다
비틀대는 몸부림에 저 속셈은 무엇일까
전신에 하얗게 쏟은 꽃의 속내는 무엇일까

서른 안팎 한창나이에 울퉁불퉁 솟구치던
초록색 낱말들을 알뜰살뜰 다독이며
칠팔월 하늘 우러러 기도하던 나날들

초가을 이 나이쯤 세상 밖으로 내민 그것
익을수록 고개 드는 탱자 고유의 성깔처럼
아파도 속으로 익는 산도酸度 높은 저 향기

초겨울 하늘하늘 첫눈이 내리던 날
까치밥 자랑하던 토종 감을 바라보며
나 여기 풍전등화를 세상 밖에 내건다

노란 별

올망졸망 유채꽃이
교회지붕에 피었네

일급 장애 대홍이가
하늘 향해 기도하듯

저들도 내곁에 와서
노란 손을 접네요

빙그레 웃으시며
끄덕끄덕 거리는 하늘

보글보글 왁자지껄
저들의 기도가 멎고

종탑의 종소리에도
노란별이
섞여요

거울

어머니와 딸 사이로
거울이 끼어든다

세월과 세월 사이
거울이 끼어든다

마주 선
얼굴과 얼굴이
아닌 듯이 닮았다

삼십년 전 내 얼굴이
우리 아이 닮았구나

삼십년 후 내 얼굴이
엄마를 닮을 거야

우리 집
모전여전이
거울 속에 웃는다

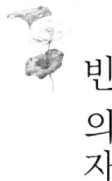

빈 의자

아버지 손 위에 핀
검버섯 본 게
엊그제

세월이 그의 몸을
빠져나간 그 후부터

의자는
돌담에 둘러
오래
    오래
비어 있다

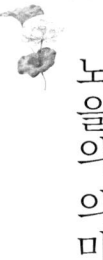# 노을의 의미

비양도 수평선에 해님이 누워 있네

그곳을 바라보던 내 가슴에 번지는 노을

지금은 하늘도 바다도 온통 붉은 빛이네

줄 지어 바닷새들 제 둥지를 찾는 시각

남편의 귀갓길에도 노을이 번지겠지

외롭게 비양봉 꼭대기 등댓불이 켜진다

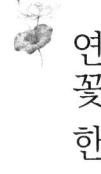

연꽃 한 송이

우리 나이 스물 다섯, 정신 나이 그냥 다섯
하늘 향해 꽃이 피듯 나를 향해 웃는 아이
접시에 사과를 담고 양손으로 들고서

일 미터 육십 키에 강아지 눈을 닮은
울 때는 방울방울 눈물방울이 고운 아이
웃을 땐 꽃들이 내려와 '김치'하고 반겨요

이쯤 살다 보니 눈물도 꽃이구나
세상이 장애라고 아픔을 말하지만
고와라, 우리 대홍이 진주처럼 고와라

소중한 것일수록 아픔 속에 뿌리를 두듯
양손으로 받아든 하늘만한 연꽃 한 송이
가만히 연못에 내려와 오래 볼을 비빈다

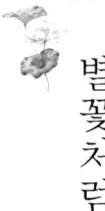

별꽃처럼

아이처럼 울다가
아이처럼 웃는 저 꽃

막내의 젖니처럼
봄볕 앞에 드러내는

배시시 웃는 꽃들이
돌담 밑을
밝힌다

하얗게 웃기 위해
한겨울을 참았단다

시 한 편 쓰기 위해
춘하추동을 껴안듯이

울 엄니
반들거리는
염주 알이 그랬다

 꽁초

멀쩡한 꽁초 하나가 길바닥에 누워 있다
스트레스 쌓인 가슴 그 가슴을 어루만지던
향긋한 담배연기가
내 남편과 벗할 때

아내 생각 아들 생각 연로하신 어머님 생각
이 나라 모든 남편의 가슴들을 달래다 말고
길 위에 누워
나를 멈춰 세운다

불 꺼진 꽁초에도 사람 마음은 있을 거다
옹포천 산책길에 문득 만난 남편의 향기
한참을 내려다보고
먼 바다를 또 보고

빨래줄

스트레스 쌓인 날이면 방망이를 들던 엄마
마당이 환한 날이면 빨래줄에 내리는 햇살
우리 집 마당 가득히 만국기가 날렸지

아득히 비행기 한 대가 빨래줄을 그으며 간다
경계선 없는 곳에 날개 달린 모든 것들이
우리집 빨래줄처럼 깃발들을 내건다

초록색 날개를 펴고 방아개비 내리던 날
잔디 마당에도 한뼘 가득 내려온 하늘
그 옛날 슬퍼도 웃던 어머니가 와 계서

설거지

남편의 밥그릇이
나를 향해 웃고 있다

막내의 밥그릇도
그 곁에서 웃고 있다

달그락
설거지소리가
이 아침을 연단다

냉온탕 마친 그릇이
수납장에 놓이면서

차곡차곡 쌓여가는
윤기 나는 저 표정들

맨 나중
나의 순갈을
그 곁에다 두었다

아궁이

어둡고 낮은 곳에
헤매던 그날의 연기

장작으로 매 맞은 후에
불꽃 피워 밝히던 거기

어머니 근심 걱정에
따뜻했던
그 품속!

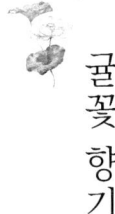

귤꽃 향기

십 년 연륜이 담긴
그윽해라 귤꽃 향기

수그린 열매마다
끄덕 끄덕 우리 귤나무

내 고향 귤림추색橘林秋色에
아버지가
서
계서

옥돔

이른 봄 한림바다엔
옥돔비늘이 출렁인다

빨 주 노 초 거기에다
파 남 보를 살짝 섞어

이 아침
우리 식탁에
무지개가
떠
있다

올레길 12코스

아들의 손을 끌고
넘어지며
일으키며

올레길 12코스
출렁이는 파도 소리

넌지시
고산 수월봉
미소 짓고
있었지

비양도 수국 다발이
― 아들에게

마음의 빗장을 열고 세상 속으로 함께 가자
아침이면 엄마 찾아 울고 있는 너를 보며
엄마도 눈물이란다,
네 눈 속에 하늘을 보며

일급 장애 눈시울에 울음 섞인 하늘의 소리
내 아들 눈시울에 넘쳐나는 꽃송이들
엄마도 웃고 있단다,
너를 앞에 두고서

바다가 섬을 품듯, 섬이 또 등댓불 켜듯
울고 웃는 바다처럼 너를 품고 이십구 년…
비양도 수국 다발이
가족처럼 웃는다

남편의 어깨

남자의 길 남편의 길
태권도 지도자의 길

육십 대 중반에 선
저 외로운 고수의 길

못 이룬 구국의 꿈이
노을 속에
젖는다.

절망은 삶의 끝이 아니라,

구원의 시작이다!

- 빅토르 위고

제 2 장

종착지가
어딜까

씨앗은

어디로 날아 누구 품에 안겼을까

어젯밤 꽃샘추위 편서풍에 꿈을 실었던

야무진 홑씨 한 점의

종착지가

어딜까

목련

순백의 속치마 고이고이 접어 입고
솜털 저고리에 옷고름 고쳐 매고
세상에 목련이라고
이름표를 달았지

한겨울 눈보라에 영하추위를 견디더니
흰 눈 쌓인 담장 옆에 소복소복 차렸구나
짧은 생 나그네 길을
봄을 향해 펼치며

시간이 짧다 길다 사람들이 말을 걸 때
아련한 추억들을 너를 통해 떠올릴 때
치마 끈 풀어진 틈새로
하얀 속살 비친다

청순과 순결만으로 써내려간 하얀 글씨
한설의 눈길을 걸어 다시 올 걸 난 믿기에…
옹포천 봄 오는 길목에
나를 반겨 웃는다

연꽃

엄마가 되기 위해
나도 꽃이 되렵니다

애월읍 연꽃마을
하늘 향해 손을 모을 때

핑크 빛
하늘 한 잎이
눈시울에 잠깁니다

나 오십이 그랬다

수국이 질 때쯤에
내 가슴에 지던 꽃잎

장맛비 뚝뚝 지던
오십 대 하루하루

비속에 울그락푸르락
내 속내가
그랬다

종착지가 어딜까

잔디와 민들레가 식구처럼 사는 동네
민들레 앉은 방석 잔디 품을 마다하고
새 하얀 낙하산 타고
씨앗 홀로
떠난다

어젯밤 달빛 받고 민들레가 노랗구나
뜬 눈에 밤을 새운 별빛들의 목소리가
민들레 이파리 사이에
함께 잠든
이 새벽

씨앗은 어디로 날아 누구 품에 안겼을까
어젯밤 꽃샘추위 편서풍에 꿈을 실었던
야무진 홀씨 한 점의
종착지가
어딜까

목련 꽃이 피자 말자

내 머물 시간이 짧다
원망도 하지 않고

색소 다 빠져나간
아련한 기억 속으로

이른 봄
내 곁에 와서
하얀 손을 내민다

귤꽃

꽃샘추위 끝 무렵에
사방팔방 눈꽃이다

귤 밭에 찡찡대며
짝을 찾는 동박새들

저 작은 몸놀림에도
꿀물방울
건넨다

치자꽃

빈손으로 왔다가
향기만 두고 떠나는 너

우리 말 '그리움'이
꽃의 향기일지 몰라

비 온 날
우리 마당에
성긴 치아로
웃던
너

겨울 넘긴 호박덩이

텃밭 양지쪽에
할머니가 주무신다

흑갈색 보따리를
신주처럼 끌어안고

구순의
늙은이 가죽이
보란 듯이
버틴다

남쪽으로 몸을 돌린

고향이 그리우면
저들조차 고개 숙인다

고사리 장마 끝에
남쪽으로 몸을 돌린

한림읍 금악오름에
한 소녀를
만났다

연꽃마을 하가리

혼탁한 세상 바닥에
연등을 매다는 마을

길 가는 나를 향해
꽃송이를 건네는 마을

부처님 오시는 날에
시 한 편을
주시네

 ## 별꽃

하늘엔 별꽃들이
땅에는 물소리가

봄이면 연초록이
여름이면 시들고 마는…,

겨울엔 날 불러 앉혀
웃음꽃을
피운다

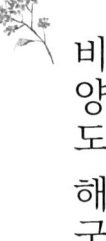

비양도 해국

비양도 여기저기 가을꽃이 피어 있다
현무암 돌담 옆에 제자리 지켜 피는
보랏빛 해국송이에
새소리가 들린다

너와 내가 지켜야 할 그 선 아직 남아 있다
눈비 속에서도 무너지지 않던 그 선
하늘 끝 맞닿은 선이
너와 나를 지켰듯

봄 여름 가을 겨울 바다 쪽만 바라보며
가끔씩 새소리로 바다 향해 울부짖는
삼십 년 러브스토리,
그 꽃잎이
푸르다

접시꽃

어머나, 이 집에
혼사婚事일이 있었구나

자주색 보라색
띄엄띄엄 흰색 접시

드레스 예쁜 신부가
첫 문턱을
오른다

배롱나무

팔월 하순 뙤약볕 아래 붉도록 손을 모으는
애월읍 금덕마을 나이 든 배롱나무
인적이 끊긴 절터에 혼자 꽃잎 떨군다

낯선 듯 낯익은 듯 알 듯 말 듯 꽃의 마음
한때는 꽃이다가 나이 들면 사람을 닮은
한참을 차를 세우고 나도 꽃이 되었다

초록 화판에다 핏물 든 붓을 찍으며
내 생의 한가운데 멍도 풀고 한도 풀던
속 타던 그날그날이 내 앞에 와 서 있다

코스모스

한 여름 뙤약볕 아래
머리에 꽃핀을 꽂고

오가는 길섶에 서서
머뭇거리는 꽃들의 마음

연분홍
그때 그리움
하늘 향해 흔들던

차라리 꺾이고 싶어
가을바람 살결 앞에

우는 듯 또 웃는 듯
알쏭달쏭 코스모스

다 지난
여름 끝자락
꽃을 접지 못해요

싹

이른 봄 나의 꽃밭에
장미가 꿈을 편다

가시와 가시 사이
발그레 움이 트는

저것 봐
장미 싹들이
꽃보다도 붉은 걸

제 3 장

그리움의 집

이별의 상처에는

세월이 약이라지만

옹포천 갈대숲도 반백이 넘은 나날

수면 위 내 그림자에

집이 한 채 서 있다

석류

끝끝내 애끓는 사랑 들키고 말았구나
내 가슴 구석구석 가을 맞는 석류 한 그루
벙어리 붉은 가슴을
가을볕에 펼쳤지

알알이 구슬들이 참다 참다 터진 슬픔
하늘이 내려주신 이별 없는 슬픔이여
어쩐담, 삶의 고뇌로
잠 설치고 있었지

내 가슴에 뿌리 내려 내 하늘에 가지를 뻗고
가지가지 끝자락에 그대 몰래 타던 사랑
벌어진 붉은 속내가…,
짝사랑이 익었지

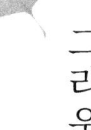
그리움의 집

그때부터 습관처럼 노트북이 좋아졌다
백 번 넘게 쓰고 지우며 차곡차곡 쌓아둔 언어
노트북 행간 행간에 징검돌을 놓으며

머릿속에 지웠다가 가슴 속에 품었다가
꼭꼭 숨은 사연들을 한 땀 한 땀 쌓던 나날
잠 설친 바탕화면에 낮달 홀로 외롭던

이별의 상처에는 세월이 약이라지만
옹포천 갈대숲도 반백이 넘은 나날
수면 위 내 그림자에 집이 한 채 서 있다

비양도 겨울 수선화

바닷바람 살짝 비켜
코끼리 섬 바위틈에

수선화 두 포기가
나를 향해 웃고 있다

아련히 여고시절의
노란 리본
보이며

멀구슬 꽃

이게 인연인가
섬에서 너를 볼 줄

초여름 바닷바람에
보라색이 섞이듯이

톳나물 초록 손길로
내게 꽃을
내민다

광대의 계절

시 한 편 쓰고 싶어
눈높이를 낮춥니다

반쯤 열린 꽃송이가
나를 보고 있습니다

입춘 굿
광대나물이
징소리를 낸답니다

물비늘이 고와요

다투어 집어등에
물 튕기던 추자 바다

은빛 금빛 반짝이며
새벽 문 여는 바다

한림 항 포구 가득히
물비늘이
고와요

그날 해님이

대홍이 봉긋한 배
살포시 어루만지던

그때 그 내 손길이
저 해님이었는지 몰라

빙그레 그날 해님이
내 곁에 와
웃네요

엄마 옥수수

아기를 가슴에 안고
또 한 녀석 등에다 업고

그때 텃밭에서
김매시던 엄마 모습

구순의 옥수수대가
여름 볕에
말라요

좀팍을 마주하고

좀팍을 바로 놓으면
가족들 추억이 담겨 있고

좀팍을 뒤집어 놓으면
외로운 섬이 하나

어머니 고단할 삶이
그 좀팍에 담겼다

내 아들 등굣길에

내 아들 등굣길엔
하늘이 함께 한다

한수풀 우리 동네
꽃들도 고운 동네

내 아이 꽃들과 함께
아침 하늘
만나요

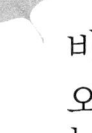

비 오는 날

바람이 배를 업고
바다를 건너간다

바다의 살갗 위로
방울방울 지던 생각

그립던 동그라미가
엄마 얼굴
닮았다

비 온 날 도라지꽃

하늘 빛 바다 빛
알맞게 풀어놓고

삼색 색종이를
길섶에서 접는
소녀

땡그랑 방울소리를
빗방울에
보탠다

뻥튀기 시골 장터에

옥수수도 꿈을 팅기는
오일장 시골 장터

포병출신 한 사내가
못다 핀
생을 달궈

대포나 포탄 없이도
한恨을 풀고
있었다

나란히 걸어가기
― K양의 결혼 축시

방울방울 빗방울에도
사랑은 있는 거다

송이송이 눈송이에도
따스함은 있는 거다

옹포천 갈대 밭에도
일편단심은 있는 거다

나란히 이 두 사람 레드카펫 딛는 오늘
송이송이 눈송이를 웨딩드레스에 내리면서
빙그레 하늘이 내려와 쓰다듬고 있는 걸

둘이 하나가 되고
하나가 둘이 되는

안개꽃 작은 송이가
꽃다발을 이루듯이

백 년을 아름 가득히
사랑 품고
사소서

예술은 손으로 만드는 작품이 아니라

예술가가 경험한 감정의 전달이다.

- 톨스토이

제 **4** 장

내려놓기

만남의 때와 장소가

여기라면 참 좋겠다

꽃잎 지는 여기라면 이별하기도 좋겠구나

월계사 목탁소리가

꽃잎 위에 내린다

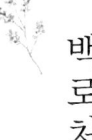

백로처럼

아침 물안개가 바다 깃을 펴고 있다
은발머리 곱게 빗고 다가오는 새 한 마리
나 여기 그대 기다려
모가지만
길었지

사철 푸른 섬에 꽃 한 송이 피워놓고
낮이면 바다 빛깔 그리움을 품었다가
하얀 밤 기다림 끝에
하현달이
기울 듯

만나고 헤어지는 크고 작은 사연들이
저무는 바다 향해 목쉬도록 부르는 소리
섬 비탈 해국 송이에
새소리가
들린다

내려놓기

핸드폰 내리고 보니
꽃 한 송이 내게로 왔다

눈높이 낮추고 보니
바다 한 쪽이
내게로 왔다

비양봉 등댓불처럼
먼 사랑이
내게로
왔다

가슴에 리본 하나만

지인이 보내주신
베란다 갈색 화분

누런 꽃대궁에
주름살이 늘어가고

이 아침 블라인드에
그림자가
야위어

어쩐담, 알 듯 말 듯
미색품은 짤막한 사랑

살갗이 닳도록
만지고 또 만졌는데

가슴에 리본 하나만
남겨두고
갔으니

너와 나의 중간쯤에

올레길 걷다 보니
정든 것이 따로 있었네

한라산 끝자락이
내 발등에 포개지고

비양도 물마루 허무며
도항선이
온다야

노란 장미

길가에 하늘이 내린 노란 별 노란 꽃등
내 심장에 녹아들던 첫사랑의 고백처럼
산책 길 장미 한 송이
그 눈빛만
남았다

아직도 자리 못 뜨고 오월이면 다가오는
건너편 담장 너머 나를 보는 꽃 한 송이
못다 핀 노란 장미가
그때처럼
서
있다

노란 우산 들고 가 길가를 지나갔다
뚝뚝 빗방울에 노란 물이 스며 있다
한참을 뒤돌아보다
나도 꽃이
되었다

고양이가 지킨다

상명리 오십팔 번지
노파처럼 나이든 집

목련은 피었는데
정낭 아직 내려져 있다

이태 전 떠나시던 날
그때 모습 그대로

밑창 뚫린 고무신에
뿌리 내린 질경이를

할머니 후손처럼
쓰다듬는 하늘 한 점

등 굽은 양철지붕을
고양이가
지킨다

단풍나무 단풍 한 잎

추위에 떨고 있던
지느러미가 타고 있다

겨울을 견디려고
철판에 든 붕어빵처럼

중산간 단풍나무의
단풍 한 잎이
버티고
있다

주의보 내린 밤이면

바다를 베개 삼고
한 천 년을 누웠구나

한림 항 어선들의
머리맡을 지키는 섬

비양도 무인등대가
아침까지
버틴다

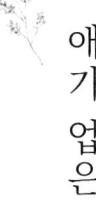

애기 업은 돌 앞에서

비양도 뒤쪽에 애기 업고 사는 여인
비 온 날 바람 부는 날 수평선만 바라보며
구순의 마른 머리칼 설한풍에 젖네요

총탄 맞은 돌담구멍에 숨겨놓은 추억 한 소절
피땀으로 뚫어놓은 까만 돌들의 아픔처럼
밀려온 나무토막에 주름살이 깊어요

섬자락 반대편에 동백꽃이 피었네요
빨갛게 숨을 참으며 동백꽃이 피었네요
초로의 그때 그 아이 그 앞에 와 서 있네요

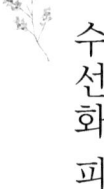

수선화 피는 교회

한림읍 서길 교회
낯이 익은 꽃 한 송이

고개 푹 수그리고
한참을 기다리다

나 성큼 그 앞에 서면
입꼬리를 올린다

가만 눈을 낮추면
노란 손을 내미는 꽃

땅 위에 피었어도
하늘에다 뜻을 두는

입춘 날 꽃송이에서
종소리가 들린다

감나무

낙엽 위에 또 한 잎
감잎이 포개진다

그 감잎 깔고 앉아
미소 짓는 가을햇살

고단한 내 발등에도
그 감잎이 내린다

어머니 가꾸시던
감나무도 나이가 들어

차곡차곡 쌓인 세월
나이테에 숨겨놓은

늦가을 가지 끝에는
까치밥이 외롭다

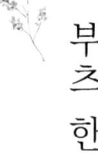

부츠 한 켤레

다 낡은 부츠 한 켤레
겨울 볕을 쬐고 있다

웃고 울며 뛰어다닌
너와 나의 기나긴 여정

희미한 얼굴 하나 둘
그 사이로 떠올라

숙명을 다 한 것들이
눈을 감고 다가온다

기쁜 사연 아픈 사연
남모르게 감춘 사연

저만치 멀어진 곳에서
울상 짓고 있구나

겨울과 봄 사이에

겨울과 봄 사이에 목련이 피었구나
꽃과 사람 사이 갈라 세우는 꽃샘추위
서둘러 봄을 누리던 꽃잎들이 아프다

겨울잠에 깨어나는 옹포천 물소리에
한 쌍의 도요새가 기지개를 펴는 봄날
갓 떨군 꽃잎 한 장이 그 곁으로 흐르고

만남의 때와 장소가 여기라면 참 좋겠다
꽃잎 지는 여기라면 이별하기도 좋겠구나
월계사 목탁소리가 꽃잎 위에 내린다

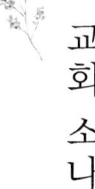

교회 소나무

하늘에 뜻을 두고 땅 속에 뿌리를 내려
주님만 바라보며 서 있는 해송 한 그루
나이 든 성도 한 분이 맨 먼저 와 계시다

아름드리 세월에도 푸른 뜻을 지켰구나
비워둔 가지 한쪽에 깃털 곱게 빗고 와서
구구구 산비둘기도 주일예배 중인 걸

"주 앞에 낮추어라, 주께서 너를 높이리라"
야고보서 4장 말씀 이 한 곳에 삭이면서
상명리 서길 교회를 소나무가 지킨다

─
해설

작품해설

고정국 시인

감성시의 정형화
정영심 첫 시조집 『그리움의 집』을 중심으로

싹보다 꽃이 먼저

우리 나이 스물다섯, 정신나이 그냥 다섯
하늘 향해 꽃이 피듯 나를 향해 웃는 아이
접시에 사과를 담고 양손으로 들고서

일 미터 육십 키에 강아지 눈을 닮은
울 때는 방울방울 눈물방울이 고운 아이
웃을 땐 꽃들이 내려와 '김치'하고 반겨요

이쯤 살다보니 눈물도 꽃이구나
세상이 '장애'라고 아픔을 말하지만
고와라 우리 대홍이 진주처럼 고와라

> 소중한 것일수록 아픔 속에 뿌리를 두듯
> 양손으로 받아든 하늘만한 연꽃 한 송이
> 가만히 연못에 내려와 오래 볼을 비벼요
>
> －「연꽃 한 송이」 전문

 정영심의 첫 시조집 원고를 받아 읽으면서, 문득 오래 전에 썼던 고혜경 시인의 시조집 『하나씩 지워져 간다』가 떠올랐습니다. 그리고 그의 장애인 아들 승일이가 썼다는 시 한 편을 찾아 읽었습니다. "오늘 엄마가 눈물을 흘렸다/텃밭에 돌 발판을 세웠다/흙속에 바퀴가 굴러가는 것 같다//저 동그라미처럼/엄마가 울지 않았으면 좋겠다". － 이승일 지음 「엄마」 전문.
 둘 다 지적장애인 아들이라 해도 그래도 승일 군은 시를 쓸 만큼의 지적 능력을 지니고 있습니다. 그러나 오늘 등장하는 '대홍이'는 말 그대로 "정신 나이가 그냥 다섯 살"의 지적 상태인 것 같습니다. 결국 정영심의 작품 전반에 '대홍이'를 삼십년 가까이 키우면서 눈물로 간을 맞추어 쓰는 시편들이 차라리 감동을 줍니다. 이처럼 장애아들을 둔 엄마의 눈물은 얼마나 짜디짰을까요?. 그러나 빅토르 위고가 말했지요, "절망은 삶의 끝이 아니라, 구원의 시작이라고!" 그래서 오늘 우리가 눈여겨 볼 것은 엄마가 쓴 시도 감동적이지만, 일급 장애인으로 태어나서, 엄마가 한 권의 눈물 어린 시를 쓰게 해준 대홍이의 존재 이유를 읽게 되는 것입니다.

애월읍 중산간에 마을 살짝 비켜서서
　　　울타리 쳐놓고도 봄바람이 불편한지
　　　일제히 사방팔방에 활시위를 겨눈다

　　　성급하고 까칠한 탱자나무를 바라본다
　　　비틀대는 몸부림에 저 속셈은 무엇일까
　　　전신에 하얗게 쏟은 꽃의 속내는 무엇일까

　　　서른 안팎 한창나이에 울퉁불퉁 솟구치던
　　　초록색 낱말들을 알뜰살뜰 다독이며
　　　칠팔월 하늘 우러러 기도하던 나날들

　　　초가을 이 나이쯤 세상 밖으로 내민 그것
　　　익을수록 고개 드는 탱자 고유의 성깔처럼
　　　아파도 속으로 익는 산도酸度높은 저 향기

　　　초겨울 하늘하늘 첫눈이 내리던 날
　　　까치밥 자랑하던 토종감을 바라보며
　　　나 여기 풍전등화를 세상 밖에 내 건다

　　　　　　　　　　　　　　　　-「탱자의 사계」전문

　탱자나무는 이른 봄 싹도 나기 전에 꽃을 피웁니다. 가시 돋은 나뭇가지에는 날카로운 가시로 주변을 경계하는 탱자나무의 속성 등 서른 안팎의 나이에 울퉁불퉁 솟구치는 욕구를 다독이는 모습 그리고 겨울 한철까지 버티는 탱자열매를 보며 세상 밖으로 내거는 풍전등화 등등 일 년 사계의 탱자나무를 관찰하고 거기에서 보석 같은 시어들로 꿰맞추는 정영심의 시력과 어휘력 역시 '대홍이'의 영향으로 형성된 그 까칠한 탱자나무라 할 수 있습니다.

  거기에다 이곳에는 친정어머니와 아래로 대를 잇는 딸아이의 모습이 거울이라는 작품 속에 그려내고 있습니다. 거울 속에 비친 화자의 얼굴에서 삼십 년 후의 제 모습을, 그리고 삼십년 전에 태어나 이미 성년이 된 딸의 모습에서 본인의 모습을 발견하고 있습니다.

> 어머니와 딸 사이로
> 거울이 끼어든다
>
> 세월과 세월 사이
> 거울이 끼어든다
>
> 마주 선
> 얼굴과 얼굴이
> 아닌 듯이 닮았다
>
>
> 삼십 년 전 내 얼굴이
> 우리 아이 닮았구나
>
> 삼십년 후 내 얼굴이

엄마를 닮을 거야

우리 집 모전 여전이
거울 속에 웃는다

-「거울」전문

　삼십 년 전 내 얼굴이 현재 어른 된 딸의 얼굴이나 언어습관, 심지어는 걸음걸이가 닮습니다. 그렇다면 삼십 년 후 나의 얼굴과 삶의 모습이 현재 구순의 어머니에서 유추해낼 수 있는 인식이야말로, 모전여전이라는 거울에서 발견되고 있습니다.

　정영심 시인은 자유시 형태의 감성시집을 상재한 것으로 알고 있습니다. 그러던 어느 날 문득 필자를 찾아와 시조를 배우고 싶다고 했습니다. 감성시의 개념조차 잘 모르는 필자로서는, 시든 시조든 운문의 대부분은 시인의 감성을 바탕으로 쓰는 것이라는 나의 고정관념을 무릅쓰고, 그녀가 내미는 감성시집을 읽었습니다. 그리고 "예술은 손으로 만드는 작품이 아니라 예술가가 경험한 감정의 전달이다."라는 톨스토이의 한 마디를 떠올려보았습니다. 시의 유형類型을 생각할 때, 서정敍情과 서사敍事로 대별할 수 있습니다. 따라서 감성이란 곧바로 서정의 다른 표현이라 해도 무리가 없을 것 같습니다. 다만 감성시의 특성이라면 요즘 유행하는 '디카시' 일종의 짤막한 표현방식의 운문이 아닐까 생각이 듭니다.

'짤막함의 쾌감'이라면 역시 시조에서 그 즐거움을 찾는 것도 좋지 않을까 합니다.

> 이른 봄 한림바다엔
> 옥돔비늘이 출렁인다
>
> 빨 주 노 초 거기에다
> 파 남 보를 살짝 섞어
>
> 이 아침
> 우리 식탁에
> 무지개가
> 떠
> 있다
>
> - 「옥돔」 전문

무지개 일곱 빛깔을 '빨주노초파남보'라 약해서 말하기도 합니다. 그 무지개 빛깔을 옥돔 비늘과 지느러미에서 발견하고, 아침 식탁에 올라온 옥돔요리에서 '한림 봄 바다'와 '무지개' 그리고 옥돔을 동시에 그려놓고 있습니다. 우리가 시에서 요구되는 삼요소를 시력視力과 어휘력 그리고 상상력의 조합이라 한다면, 앞으로 정영심 시인은 이미 연마된 감성과 삼장 육구 열두 음보라는 시조 형식에 옮겨놓으면서 한 차원 업그레이드를 이룬 자기만의 시 세계를 이룰 수 있을 것입니다.

마음의 빗장을 열고 세상 속으로 함께 가자
아침이면 엄마 찾아 울고 있는 너를 보며
엄마도 눈물이란다,
네 눈 속의 하늘을 보며

일급장애 눈시울에 울음 섞인 하늘의 소리
내 아들 눈시울에 넘쳐나는 꽃송이들
엄마도 울고 있단다,
너를 앞에 두고서

바다가 섬을 품듯 섬이 또 등대를 켜듯
울고 웃는 바다처럼 너를 품고 이십구 년
비양도 수국다발이
가족처럼 웃는다

- 「비양도 수국다발이- 아들에게」 전문

 다시 앞쪽으로 돌아가서 "보통나이 스물다섯, 정신나이 그냥 다섯"이라 했던 「연꽃 한 송이」를 떠올리면서 이 작품을 감상할 필요가 있습니다. 필자는 이 작품의 첫 수와 둘째 수를 읽으면서, 詩라 하기보다 차라리 '화자의 울분'으로 읽었습니다. 그러나 이 시조의 마지막 연 끝 수䩺에서 "바다가 섬을 품듯, 섬이 또 등대를 켜듯" 끝끝내 부정을 긍정으로 돌려 세우는 "그럼에도 불구하고"의 현실대응 방법을 모색해오던 모성애의 극치를 보는 것 같습니다. 그래서 "비양도 수국다발이 가족처럼 웃는다"로 마무리하고 있습니다.

이 시집 전반에서 분명한 것은 육하원칙의 두 번째인 '어디서(?) 즉 장소가 있습니다. 어쩌면 시인이 즐겨 산책하는 코스인지 모릅니다. 바로 한림바다 조간대와 이어지는 옹포천이 등장합니다. 어느 날 그 산책로에 반쯤 탄 채 버려져 있는 담배꽁초가 있었던 모양입니다.

> 멀쩡한 꽁초 하나가 길바닥에 누워 있다
> 스트레스 쌓인 가슴 그 가슴을 어루만지던
> 향긋한 담배연기가
> 내 남편을 벗할 때
>
> 아내 생각 아들 생각 연로하신 어머님 생각
> 이 나라 모든 남편의 가슴들을 달래다 말고
> 차라리 길 위에 누워
> 나를 멈춰 세운다
>
> 불 꺼진 꽁초에도 사람 마음은 있을 거다
> 옹포천 산책길에 문득 만난 남편의 향기
> 한참을 내리다보고
> 먼 바다를 또 보고
>
> ―「꽁초」 전문

흔히 담배라 하면 보건위생학 차원에서, 그리고 꽁초라 하면 환경보호차원에서 부정하는 사회적 분위기인 요즘입니다. 그러나 여기, 앞에 다가오는 모든 대상에서 인격체를 발견하는 것이 시인의 시작 태도라고 했을 때, 아니나 다를까, 오늘 만난 이 꽁초에게서 시조 한 편을 선물 받고 있습니다. 요즘 세상에 스트레스에 헤어나지 못하는 현대인 그 중에도 남편의 가슴을 어루만지던 담배꽁초에 눈시울을 붉히는 시인의 가슴을 읽게 됩니다. "불꺼진 꽁초에도 사람 마음은 있는 거다/옹포천 산책길에 문득 만난 남편의 향기/한참을 내려다 보고/먼 바다를 또 보고"로 마무리 짓는 시인의 속내를 이곳에서 읽습니다.

순백의 속치마 입고, 고이고이 접어 입고
솜털 저고리에 옷고름 고쳐매고
세상에 목련이라고
이름표를 달았지

한겨울 눈보라에 영하추위 견디더니
흰 눈 쌓인 담장 옆에 소복소복 차렸구나
짧은 생 나그네 길을
봄을 향해 펼치며

시간이 짧다 길다 사람들이 말을 걸 때
아련한 추억들을 너를 통해 떠올릴 때
치마끈 풀어진 틈새로
하얀 속살 비친다

청순과 순결만으로 써내려간 하얀 글씨

> 한설의 눈길을 열어 다시 올걸 난 믿기에…
> 옹포천 봄 오는 길목에
> 나를 반겨 웃는다
>
> -「목련」 전문

  싹보다 꽃을 먼저 피우는 꽃들의 성정은 어떤 것일까요? 산책로 옹포천에 원근법이 애매한 간격으로 성큼 다가와 꽃송이를 내미는 목련가지가 사람처럼 반가웠나 봅니다.

  화무십일홍花無十日紅이라는 이 고전적 한 마디를 뒤집어 보면, 꽃은 적어도 열흘정도는 피어있어야 하는 개화기간의 의무(?)를 지켜야 한다는 것이 사람들의 억압적 주문이기도 합니다. 거기에다, 성적性的 에너지가 가장 충만했을 때 꽃은 만개한다는 사람들의 일반적인 상식인데도, 목련은 싹도 나지 않고 벌 나비가 찾지 않는 이른 봄에 만개하는 성깔머리가 있는 것 같습니다. 그리고 하루 이틀이면 그토록 아까운 꽃잎을 지우고 맙니다.

  앞에서 감상했던「탱자의 사계」에서 보았듯이, 탱자나무 역시 싹도 트기 전에 꽃을 피웁니다. 이처럼 특별한 성질을 '성질머리' 또는 성깔머리라고 악센트를 가하기도 합니다. 그래서 화자의 내면에 그 어떤 욕구불만 아니면 간절함이 자리하고 있는지 모르겠습니다. 이러한 성깔머리나 현실부정의 정신이 자리해 있을 때야말로, 더 깊은 내면에서 '시詩'라는 형태의 정신적 결과물이 쏟아질 수 있다는 것을 필자의 체험으로 짐작할 수 있습니다.

결국 시인은 여기에서 "청순과 순결만으로 써내려간 하얀 글씨" 꽃의 순결성을 강조하는 것 같습니다. 그리고 이듬해 꽃샘추위 한창일 때 "한설의 눈길을 걸어 다시 올 것을 믿고 있습니다. 꽃 피는 기간이 짧게 지나가지만 "짧은 생 나그네 길"에서 자칫 소홀할 수 없는 믿음을 보이고 있습니다.

꽃의 형이상학

>어젯밤 달빛 받고 민들레가 노랗구나
>뜬 눈에 밤을 새운 별빛들의 목소리가
>민들레 이파리 사이에
>함께 잠든
>이 새벽
>
>씨앗은 어디로 날아 누구 품에 안겼을까
>기나긴 꽃샘추위 편서풍에 꿈을 실었던
>야무진 홀씨 한 점의
>종착지가
>어딜까
>
>─「종착지가 어딜까」 전문

다윈의 『진화론』이 인간 중심의 시각에서 기술된 것이라면, 금세기의 식물학자 마이클 폴란은 그의 저서 『욕망의 식물학』에서 식물과 인간과의 공진화를 주장하고 있습니다. 귀한 자식일수록 멀리 보내라는 지혜를 식물에게서 받습니다. 자식이 바로 코 밑에 있으면, 자식 역시 경쟁의 대상이라는 것을 알기 때문에 식물들은 일찌감치 자식을 멀리 떠나는 방법을 여러 가지로 개발했던 것 같습니다. 그 대표적인 식물이 우리 가까이에서 접할 수 있는 민들레가 아닌가 싶습니다.

꽃샘추위의 주역인 편서풍에 편승하여 제 후손을 가능하면 먼 곳까지 떠나보내려는 민들레의 속셈을 여기 정영심 시인은 '눈 여겨' 보고 있는 것 같습니다. 그 이유가 무엇일까요? 시인은 사방팔방에 자기를 가로막는 한계점이라는, 아니 '절망'이라는 바윗돌을 뚫고 나가려는 의지의 소유자이기 때문입니다.

"보통나이 스물다섯, 정신나이 그냥 다섯"의 일급지적장애의 아들을 30년 가까이 보살피면서, 주변에 모든 대상이 나에게 건네는 '물음표'와 '화살표'를 살피면서 꿈과 희망을 읽어낼 수밖에 없습니다.

> 시 한 편 쓰고 싶어
> 눈높이를 낮춥니다
>
> 붉은 귀 꽃송이가
> 나를 보고 있습니다
>
> 입춘 굿

> 광대나물이
> 징소리를 낸답니다.
>
> -「광대의 계절」전문

 시는 낮은 곳에 있습니다. 광대나물은 겨울에서 봄 사이 이곳저곳 길가나 풀밭에서 쉽게 찾아볼 수 있습니다. 붉은 보라색의 꽃을 피우는 두해살이 이 식물은 풍이나 통증에 좋다며 약초로도 쓰임새가 있다고 합니다. 그리고 광대나물이라는 이 식물의 꽃을 보기 위해서는 자세를 낮추지 않으면 감상할 수가 없습니다. 한쪽 귀만 펴고 세상을 바라보는 토끼처럼 붉은 귀를 세우고 오늘은 시인과 시선을 마주하고 있는 장면이 재미있습니다. 그리고 그 식물이름이 광대나물이어서 시력과 어휘력 상상력을 한 몸에 받고 있으면서 오늘은 자세를 낮추고 바라보는 시인에게 예쁜 단시조 한 편을 선사하고 있습니다.

 일반 사람들에게 '잡초'로 통하는 이 보잘 것 없는 광대나물이 오늘 이 시집 밑바탕에 알 듯 말 듯 존재하고 있는 "그냥 나이 다섯 살"의 우리 '대홍이'를 만나고 있습니다. 이를 내려다보던 하늘도 함께 내려와 오늘의 아침 등굣길은 '대홍이'와 광대나물 그리고 하늘이 어깨동무를 하고 학교로 가고 있습니다.

> 내 아들 등굣길엔
> 하늘이 함께 한다

>한수풀 우리 동네
>꽃들도 고운 동네
>
>내 아이 꽃들과 함께
>아침 하늘
>만나요
>
> -「내 하늘 등굣길에」전문

 한편 꽃은 기쁨이면서 아픔의 대명사이기도 합니다. 한 순간의 아름다움을 세상에 보이기 위해 그 꽃만이 지니고 있는 아픔과 슬픔을 사람들은 애써 모른척합니다. 그러나 여기 발밑에 다가와 고사리 꺾는 시인의 손등을 쓰다듬는 꽃 한 송이가 읽는 이의 눈길을 멈춰 세웁니다. 그리고 시인은 고사리 꺾던 손을 멈추고 그 할미꽃이 건네주는 두 수의 연시조 한 편을 받아 적고 있습니다.

>아이처럼 살다가 꽃이 되신 나의 조모
>휘어진 그 모습에 이 봄날 다시 와서
>가만히 발밑에 다가와
>고개 숙인
>할머니
>
>이제는 꽃처럼 웃고 새처럼 놀다 가요
>고향 산 숲속에서 뻐꾹뻐꾹 우는 저 새

고사리 꺾던 손등을
쓰다듬고
계시네

-「할미꽃」전문

 이처럼 시인의 상하좌우 사방팔방엔 온통 시인에게 접근해서 시 한 편을 써달라고 애원하는 대상들뿐이랍니다. 그래서 시 쓰기가 이처럼 행복하답니다.

그리움의 집

 시력視力, 어휘력語彙力, 상상력想像力의 배양과정에서 그 이면에 또 하나 '그리움'이라는 마음의 주거공간을 준비하기 마련입니다. 쓰고 지우고를 백번 넘게 반복하면서 차곡차곡 쌓아두는 낱말들의 곳간이 있는 곳, 하나의 대상이 건네주는 그리운 얼굴이 있기 마련입니다. 정영심 시인의 유일한 산책 코스처럼 생각되는 옹포천에는 오래 된 갈대숲이 있습니다. 바닷물 반 민물 반인 조간대에는 썰 밀물의 시간에 따라 새로운 풍경이 전개되고 있을 겁니다. 그 수면의 그림자에 떠오르는 이미지 한 점! 그 공간을 「그리움의 집」으로 설정하고 "노트북 행간 행간에 시의 징검돌"을 이어가고 있는 것 같습니다.

 그때부터 습관처럼 노트북이 좋아졌다

> 백 번 넘게 쓰고 지우며 차곡차곡 쌓아둔 언어
> 노트북 행간 행간에 징검돌을 놓으며
>
> 머릿속에 지웠다가 가슴속에 품었다가
> 꼭꼭 숨은 사연들을 한땀 한땀 쌓던 나날
> 잠 설친 나의 창가에 낮달 홀로 외롭던
>
> 이별의 상처에는 세월이 약이라지만
> 옹포천 갈대숲도 반백이 넘은 나날
> 수면의 내 그림자에 집이 한 채 서 있다
> ―「그리움의 집」전문

시를 쓰노라면, 시인 곁에 다가와 뿌리내려 살아가는 식물들이 있습니다. 그 중 하나 늦가을이면 벌겋게 속내를 드러내는 열매를 볼 수 있는데, 바로 석류입니다. 여름내 꾹꾹 눌러 참다 들켜버린 벙어리의 붉은 가슴 그 붉은 속내가 결국 짝사랑임을 고백합니다.

> 끝끝내 애끓는 사랑 들키고 말았구나
> 내 가슴 구석구석 가을 맞는 석류 한 그루
> 벙어리 붉은 가슴을
> 가을볕에 펼쳤지
>
> 알알이 구슬들이 참다 참다 터진 슬픔
> 하늘이 내려주신 이별 없는 슬픔이여

어쩐담, 삶의 고뇌로
뒤척이고 있었지

내 가슴에 뿌리 내려 내 하늘에 가지를 뻗고
가지가지 끝자락에 그대 몰래 타던 사랑
벌어진 붉은 속내가…,
짝사랑이 익었지

-「석류」전문

이처럼 석류 열매의 이름을 빌려 인간 내면을 실토하려는 시인의 언어적 테크닉이 놀라울 따름입니다. 그리고 또 하나 「내려놓기」라는 제목을 달고 단시조 한 편이 우리 곁에 다가왔습니다.

핸드폰 내리고 보니
꽃 한 송이 내게로 왔다

눈높이 낮추고 보니
바다 한쪽이
내게로 왔다

비양봉 등댓불처럼
먼 사랑이
내게로
왔다

-「내려놓기」전문

  이미 중증 중독성인 문명의 이기利器들이 우리 현대인의 눈길을 꼼짝없이 붙잡고 있습니다. 그런 와중 어느 한 순간, 핸드폰을 내려놓고 보니 꽃이 다가오고, 바다가 다가오고, 더구나 비양봉 꼭대기 등댓불처럼 머나먼 그리움의 보따리들이 다가와 시 한 편씩을 건네주고 있습니다.

  상명리 오십팔 번지
  노파처럼 나이든 집

  목련은 피었는데
  정낭 아직 내려져 있다

  이태 전 떠나시던 날
  그때 모습 그대로

  밑창 뚫린 고무신에
  뿌리 내린 질경이를

  할머니 후손처럼
  쓰다듬는 하늘 한 점

  등 굽은 양철지붕을

고양이가 지킨다

-「고양이가 지킨다」 전문

　그리고 시선을 돌리면 등 굽은 양철지붕 위에 고양이 한 마리가 이년 전 세상을 떠나신 "상명리 오십팔 번지 노파"를 기다려 그 허물어져가는 폐가廢家를 지키고 있습니다. 단순한 것 같지만, 독자들 상상 속에 그려지는 흑백초상의 이미지 한 점이 읽는 이로 하여금 많은 생각을 하게 합니다. 이처럼 시조時調라는 장르는 곧바로 이 시대를 살아가는 사람들의 시절가조時節歌調이면서 속울음이라 할 것입니다.

　이 시집의 특징은 시집 〈서문〉을 시조 형식으로 썼다는 점입니다. 그 세 번째 首를 유심히 보면 "저마다 형형색색 그리움을 품고 사는/땅 위에 모든 것들 바다위에 모든 것들/육십년 나의 생애가 울긋불긋하답니다" 이 중에 "육십년 나의 생애가 울긋불긋"하다는 대목에서 아련히 아픔이었기에 더욱 사랑을 쏟아 부었던 '대홍이' 모습이 보입니다. 작품「탱자의 사계」나「목련」그리고「석류」등에서 얼핏 감지하였듯이 싹보다 꽃을 먼저 피우는 저들 식물의 '성깔머리'를 눌러 참으면서 그 아픔을 시로 극복하며 살아온 느낌을 받습니다. 그런데 여기 정영심 시인의 커다란 생의 반전을 발견하기에 이릅니다. 바로 신앙에의 귀의歸依입니다. 그 역시 '대홍이'의 역할이기도 합니다.

하늘에 뜻을 두고 땅 속에 뿌리를 내려
주님만 바라보며 서 있는 해송 한 그루
나이 든 성도 한 분이 맨 먼저 와 계시다

아름드리 세월에도 푸른 뜻을 지켰구나
비워둔 가지 한쪽에 깃털 곱게 빗고 와서
구구구 산비둘기도 주일 예배 중인 걸

"주 앞에 낮추어라, 주께서 너를 높이리라"
'야고보서 4장 말씀' 이 한 곳에 삭이면서
상명리 서길교회를 소나무가 지킨다

- 「교회 소나무」 전문

결국 대홍이의 사랑이 시인으로 발돋음 했으며, 이 시집 육십 편이 넘는 시조 작품에는 기나긴 성찰과 낮춤과 내려놓기 등의 겸손이 스며들어 있습니다. "주 앞에 낮추어라, 주께서 너를 높이리라" 언젠가 정 시인에게서 〈야고보서 4장 말씀〉을 가슴에 품고 산다는 말을 직접 전해들은 바 있습니다.

일반적으로 한 권의 책이나 시집을 상재했던 시인들은 자기가 써낸 그 글의 내용에서 오히려 반면교사反面敎師를 체험한다고 합니다. 그런 의미에서 이번 시조집 상재는 시인의 삶 전체에서 커다란 변곡점이 있을 것으로 믿어 의심치 않습니다.

감성시의 정형화를 기대하며

　시인은 눈앞에 펼쳐지는 모든 물상들을 만나면서 저들 물상들이 내 곁으로 다가와 내면의 문을 두드리는 노크소리를 듣는 존재입니다. 그 순간 내면에서도 나도 모르게 발육되는 풍경과 사상과 언어를 만나게 됩니다.

　하나님이 세상을 창조하실 때, 아담으로 하여금 만물에 이름을 붙이도록 했다는 일화가 있습니다. 하나님이 사자를 데리고 와서 아담에게 물었지요. 그는 코끼리에게 이름을 붙이라 했습니다. 그래서 사자와 코끼리의 이름이 생겨났다는 것입니다. 이후로 사람은 만물에 이름을 붙이기 시작했답니다. 여기에서 어쩌면 세상의 모든 지식은 표기된 것, 즉 '이름이 붙여진 것일 뿐'이라는 반증이 가능하리라 믿습니다.

　이처럼 지식은 그저 알고 있는 것처럼 보일 뿐, 알고 있는 것은 아닙니다. 따라서 지식은 빌려온 것이며, 앎은 자신의 것입니다. 지식은 언어에 의한 것이며, 앎은 체험, 즉 삶을 통해서 얻게 되는 것입니다. 앎에서 사람은 해방되고 자유로워집니다. 그러나 지식은 사람을 구속합니다. 우리가 시를 쓰는 과정에서 지식보다 체험을 존중하는 이유가 바로 앎을 통해서 생명력을 획득하기 때문입니다. '시를 쓰는 목적'은 시인의 삶의 목적과도 일치하는 것으로 보아야 할 것 같습니다.

　무엇보다도 필자는 그 시인의 첫 시집일 경우, 작품들의 시차 간격이 넓다는 점을 고려하여 읽습니다. 그 한 권의 시집

안에는, 십 년 전 쓴 작품과 며칠 전에 쓴 작품이 혼재해 있기 때문입니다. 정영심 시인의 이번 시집은 '첫 시조집'이라는 점을 고려할 필요가 있습니다. 그리고 이 정영심 시인의 첫 시조집을 접하시는 독자 분께 해설자로써 꼭 전해드리고 싶은 한마디가 있습니다. 민요에는 민요의 코드가 있고, 트로트에도 트로트의 코드가 있으며 클래식은 클래식의 코드가 있습니다. 산문의 코드로 시를 읽고, 더구나 시의 코드로 시조를 읽는다면 그 내용의 의미 전달에 커다란 차질을 빚고 맙니다. 그래서 시나 시조는 반드시 소리 내어 읽기를 권합니다. 특히 시조는 삼장 육구 열두 음보라는 정해진 가락이 있습니다. 아주 흔한 예로, 시조를 쓰는 사람이나 읽는 사람이 이 음보의 개념을 무시했을 때 그 내용은 곧바로 "아버지가 방으로 들어가지 않고 아버지 가방으로 들어가" 라는 것으로 전달되고 마는 것입니다.

> 아침 물안개가/바다 깃을/ 펴고 있다
> 은발머리/곱게 빗고/다가오는/새 한 마리
> 나 여기/ 그대 기다려/
> 모가지만/
> 길었지

> 사철 푸른 섬에 꽃 한 송이 피워놓고
> 낮이면 바다 빛깔 그리움을 품었다가
> 하얀 밤 기다림 끝에

하현달이
기울 듯

만나고 헤어지는 크고 작은 사연들이
저무는 바다 향해 목쉬도록 부르는 소리
섬 비탈 해국송이에
새소리가
들린다

-「백로처럼」전문

 이처럼 시조의 열두 음보_{音譜}에 맞춰 "사철 푸른 섬에 꽃 한 송이 피워놓고" 백로처럼 그리움에 젖어있는 한 시인의 모습을 상상하면서 둘째 수와 셋째 수를 '낭송'해 보시기 바랍니다. 그래서 시 특히 시조는 읽은 것이 아니라, 낭송_{朗誦}한다로 표기하는 것입니다. 이처럼 시 또는 시조라는 장르에는 그 특유의 음악성이 수반되기 때문에 그렇습니다.

 해설이라는 핑계로 글이 너무 길었습니다.

 정영심 시인이 앞으로 펼쳐나갈 〈감성시의 정형화〉에 잔뜩 기대하면서, 첫 시조집 상재 앞에 세상에서 제일 커다란 마음의 꽃다발을 드립니다.